LEA AUBERT

HOROSKOP DER LIEBE

AF288366

STERNZEICHEN

SKORPION

Ausgabe 2014
Umschlaggestaltung: Allen Lee
Titelabbildungen: aus Bildern von dreamstime.com
Herstellung und Verlag: Books on Demand GmbH, Norderstedt
Printed in Germany

ISBN 9783839131251

Inhalt

Das Sternbild des Skorpions

Scorpio

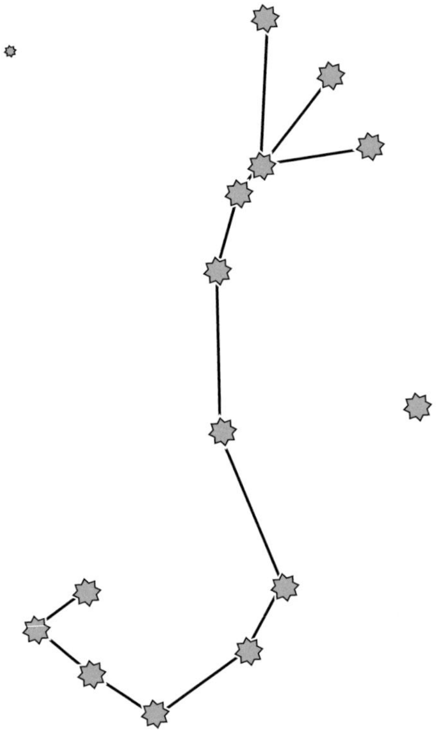

Die Sage des Skorpions

Um das Sternbild des Skorpions, welches eines der schönsten Sternbilder am nächtlichen Himmel ist, ranken sich mehrere Legenden aus dem griechischen Sagenkreis.

Eine Geschichte erzählt von Apollon, der in Eifersucht den Skorpion aussandte, um seinen Freund Artemis zu töten. Artemis, der Orion zugetan war, starb am starken Gift des Stachels. Später bereute Apollon seine Tat und verlieh Artemis mit dem Sternbild des Skorpions Unsterblichkeit. Er setzte ihn an den Himmel.

Eine weitere Geschichte erzählt von Phaeton, der als sterblicher Sohn des Sonnengottes Helios, von ihm einen Beweis für seine Vaterschaft forderte. Er verlangte, einmal den Sonnenwagen des Vaters über den Himmel zu steuern. Aller Vorwarnungen zum Trotz setzte Phaeton sich durch und übernahm die Zügel des goldenen Wagens. Die Rösser setzten sich in Bewegung und galoppierten über das Himmelsgewölbe. Phaeton war zu unerfahren und zu schwach, um den richtigen Weg zu finden und die Rösser in Zaum zu halten. Das Gespann kam vom richtigen Weg ab. Die schnellen Pferde scheuten vor den Scheren des Skorpions und gingen durch. Die so vom Weg abgekommene Sonne drohte die Erde zu versengen. Dürre und Hungersnot waren die Folge. Brände loderten, Wüsten breiteten sich aus, Flüsse versiegten. Da musste Zeus handeln. Er schleuderte einen Blitz gegen Phaeton. Der unerfahrene Sohn stürzte vom Himmel herab in den Eridanos. Die Schwestern Phaetons litten unendliche Trauer. Sie nahmen die Gestalt von Pappeln an. Noch heute können wir ihre Tränen als Bernsteine finden.

Die Skorpion-Frau

Die Skorpion-Frau besitzt eine angeborene erotische Ausstrahlung, die das andere Geschlecht in ihren Bann zieht. Flirtkontakte gehen meist von ihr aus. Da vieles im Unterbewusstsein abläuft, wissen beide Flirtpartner meist nicht, wie ihnen geschieht.

Die im Skorpion geborene Frau ist sehr ehrgeizig. Sie verliert nur ungern. Wird sie hintergangen oder getäuscht, ist sie für ihre Rachsucht bekannt.

Im Job ist sie oft eine zuverlässige und strebsame Karrieristin, die von ihren Kollegen auch manchmal aufgrund ihrer egozentrischen Züge abgelehnt wird. Ihre Freunde sucht sie sich erst nach guter Überlegung aus. Und sie schenkt nicht jedem ihr Vertrauen. Dieses gesunde Misstrauen bewahrt sie vor Fehltritten.

Auch bei der Auswahl ihres Partners ist die Skorpion-Frau wählerisch. Sie muss nicht erst mit einem Mann schlafen, um zu erkennen, dass er einen unpassenden Charakter hat. Es genügt ihr, seine Sprache, seine Mimik und seine Gestik zu studieren. Mit sensiblen Sensoren nimmt sie seinen Charakter auf und analysiert ihn. Ein so „gläsern" gewordener Mann ist dann manchmal schon uninteressant, bevor es überhaupt richtig losgegangen ist. Männer, die sich Hals über Kopf in sie verlieben, findet die Skorpion-Dame äußerst suspekt. Sie geht dabei immer von ihren Gefühlen und ihrer Sichtweise aus. Schon mancher Mann ist an ihrer ablehnenden Haltung zerbrochen oder hat sich zumindest die Hörner schmerzhaft abgestoßen. Denn, hat sie eine Entscheidung gefällt, lässt sie sich kaum mehr umstimmen. Sie lebt meist in konsequenten Denkmustern, die ihr eine nachträgliche Änderung der Meinung schwierig und manchmal sogar unmöglich machen.

Hat sie ihren Prinzen auserwählt, sind ihre Freunde meist erstaunt, dass es ausgerechnet dieser Mann ist. Vielleicht ist er nicht besonders schön oder nicht besonders wohlhabend. Er besitzt auf jeden Fall etwas, dass die Skorpion-Frau in keinem anderen Partner findet. Und sie bleibt ihm in der Regel ihr Leben lang treu.

Skorpion-Ehen halten oft ein Leben lang. Das ist der Menschenkenntnis der Skorpion-Frau zu verdanken, die sich niemals mit Kompromissen zufrieden gibt. Schon gar nicht, wenn es sich bei diesem Kompromiss um die eigene Ehe und die eigene Zukunft dreht.

Hat sie ihren Partner gezähmt, duldet sie in der Regel keine weiteren Flirt-Aktivitäten bei ihm. Die Prinzipien, an die sie sich selbst hält, haben ab sofort auch für ihren Lebensgefährten Gültigkeit. Hier kann sie sehr eifersüchtig werden. Unterschätzt ein Mann ihre Prinzipientreue, ist er sich (noch) nicht bewusst, dass er auf einem Pulverfass sitzt. Skorpion-Frauen können ein ganzes Repertoire von Grausamkeiten ersinnen, wenn sie Rache üben. Sie dulden keine andere Frau neben sich und ihre ganze Feindseligkeit richtet sich dann gegen die Rivalin oder den eigenen Partner. Nach einem Fehltritt kann sie selten verzeihen. Denn sie braucht lange Zeit, um sich davon zu erholen. Manchmal ist sie dann zu misstrauisch, um überhaupt eine weitere Beziehung einzugehen. Zumindest wird sie sich diesen Schritt sehr genau überlegen.

Der Mann sollte ihr gewachsen sein. Sie kann Jammern, Herumnörgeln und Pessimismus nicht ausstehen. Sollte sich ihr Auserwählter erst später auf diese Art offenbaren, ist sie oft nicht gewillt, ihm eine Stütze zu sein. Lieber beendet sie die Beziehung und sucht ihr Glück woanders. An ihren Partner stellt sie meist hohe Ansprüche. Ist er selbst ein Karrierist, wird sie ihn stetig anspornen, noch etwas mehr zu leisten und so die Karriereleiter Stück für Stück nach oben zu klettern. Sie sieht sich dann auch als Urheberin seines Erfolges, den sie mit ihm zusammen feiert. Männer, die mit einer Skorpion-Dame zusammenleben, sollten sich darüber klar sein, dass sie eine anspruchsvolle Frau an ihrer

Seite haben. Die Skorpion-Frau liebt großzügige Männer, die möglichst nicht immer den Euro umdrehen, bevor sie ihn ausgeben. Ein ausgeprägtes Zögern vor einem Schaufenster kann ihr regelrecht die Stimmung verderben. Denn sie kann es nicht verstehen, warum jemand an seinem Geld hängen kann. Für sie ist es nur ein Mittel, schöne Dinge zu erwerben, die sie von anderen Frauen unterscheidet. Bei der Auswahl ihrer Kleidung ist sie extrem wählerisch. Geht man als Partner mit ihr Einkaufen, sollte man sich einen Klappstuhl mitnehmen – denn ihre Shopping- und Anprobetouren sprengen jeglichen zeitlichen Rahmen. Sie ist in der Lage, auf der Suche nach ein Paar bestimmten Schuhen wirklich alle Geschäfte in der Stadt abzuklappern.

Trotz dieser Eigenschaften ist sie eine Frau mit edlem Wesen. Liebt sie ihren Partner, würde sie alles für ihn tun. Sie unterstützt ihn, wo sie nur kann. Kommt er in Not, ist sie die erste, die zu Hilfe kommt. Seine Unversehrtheit liegt ihr sehr am Herzen. Und sie kann es nicht ertragen, wenn er seine Gesundheit unnötigerweise aufs Spiel setzt.

Männer, die mit ihr befreundet sind, schätzen ihre Zuverlässigkeit. Sie ist einer Person auf die man sich überall und zu jeder Zeit verlassen kann. Sagt sie zu, weiß man mit Sicherheit, dass sie nicht wieder absagen wird. Sie steht zu ihren Entscheidungen und Taten – auch wenn sie sich selbst dadurch belastet.

In ihrem Leben gibt es nur hundert Prozent. Nimmt sie eine Sache in Angriff, beendet sie diese auch. Halbheiten und Pfusch kann sie nichts abgewinnen. Ihre Freizeit plant sie ebenso perfekt und stellt selbst hier hohe Ansprüche an sich selbst. Ihre Partys sind allgemein als rauschende Feste bekannt. Denn sie macht sich schon tagelang vorher über die Gäste, die sie zusammen einladen wird, Gedanken. Die Charaktere werden von ihr wie in einem Strategiespiel ausgesucht und am Abend zusammengeführt. Sie selbst genießt den Augenblick, in dem andere dank ihrer Intuition zusammenfinden und Freundschaft schließen.

Erotische Vorlieben der Skorpion-Frau

Skorpion-Frauen haben eine außergewöhnliche Ausdauer beim Liebesspiel. Als Partner kann man hier an die Grenzen seiner Möglichkeiten kommen. Haben sie einmal Feuer gefangen, sind sie unersättliche Liebhaberinnen, die oft mehrmals hintereinander zum Höhepunkt kommen können und wollen.

Die Skorpion-Dame räumt dem Vorspiel einige Zeit ein, da sie hier richtig in Fahrt kommt. So zu erotischen Höchstleistungen angespornt, überzeugt sie ihren Partner meist, Stellungen auszuführen, die ihr höchste Lust bereiten. Sie sagt generell, wenn ihr etwas nicht passt und stellt klar heraus, dass auch sie beim Sex ihren Spaß haben will.

Männer, die dazu neigen, nur schnell ihre eigene Lust zu befriedigen, werden meist schneller aus dem Schlafzimmer der Skorpion-Frau verbannt sein, als ihnen lieb ist.

Beim Sex findet sie nichts erregender, als gleichzeitig zum Orgasmus zu kommen und ihn möglichst lange oder sogar mehrmals mit dem Partner zu genießen. Ein Mann, der den multiplen Orgasmus beherrscht, wird von ihr als Sex-Gott verehrt. Denn nun kann sie fast endlos ihrer Lust freien Lauf lassen.

Nach dem Höhepunkt sinkt die Erregungskurve der Skorpion-Frau noch lange nicht. Sie genießt es dann, gestreichelt, verwöhnt und geküsst zu werden.

Wer ihr lange im Gedächtnis bleiben will, schenkt ihr eine zärtliche Massage mit wohlriechendem Öl. Sie wird die Berührungen genießen und ihren Partner zu neuen Höchstleistungen anfeuern.

Der Skorpion-Mann

Bei der Partnerwahl geht der Skorpion-Mann pragmatisch vor. Nicht selten sucht er sich die passende Partnerin im Internet, wo er genau den Charakterzug auswählen kann, der zu ihm passt. Einer Ehe gehen gewöhnlich zahlreiche kürzere Geplänkel voraus. Die Entscheidungskriterien sind dabei eher sachlich. Muss er erst noch warten, bis sie eine alte Beziehung beenden muss oder hat er das Gefühl, dass sie nicht die ideale Mutter für seine Kinder sein wird, beendet er die Beziehung lieber vorzeitig. So bleiben ihm unnötige Enttäuschungen erspart und er kann sich erneut auf die Suche machen.

Selbst nach einer Enttäuschung ist der Skorpion-Mann ein Optimist, der bei der Partnersuche mit System vorgeht: Unter den nächsten zehn Frauen ist vielleicht die Traumpartnerin dabei.

Im Berufsleben ist der Skorpion-Mann ein fleißiger und gewissenhafter Mitarbeiter. Da er viel Wert auf Sicherheit legt, wird er einem Chef lange treu bleiben. Hat er seine Berufung gefunden, kann er sich für seinen Job aufopfern und sogar bis zu den Grenzen der körperlichen Belastbarkeit gehen. Es sei ihm also geraten, seinen Urlaub zu genießen und sich auch zwischendurch einmal Stunden für sich selbst zu nehmen.

Der Skorpion-Mann ist ein Partylöwe. Ist er noch Single, wird man ihn in allen angesagten Kneipen und Discos antreffen. Er ist kein Mann, der abends alleine zu Hause sitzt. Geht er aus, trifft er sich gerne mit Freunden, die ihn wegen seiner offenen und umgänglichen Art schätzen. Er versteht sich meist mit allen gut und macht sich selten Feinde. Von seinen engen Freunden wird er als zuverlässiger und treuer Freund geschätzt. Er ist der Typ, der auch 400 Kilometer weit fährt, um beim Umzug zu helfen. Werden seine Taten jedoch nicht gewürdigt oder geschätzt, wird er sich schnell abwenden und jede weitere Hilfe ablehnen. Er ist kein Typ, der sich gerne ausnutzen lässt.

Hat er Feinde, was nicht oft vorkommt, behandelt er sie grausam und rachsüchtig. Er genießt es, förmlich seinen Stachel immer wieder hinein zu treiben. Dieser Charakterzug lässt ihn manchmal fast unmenschlich wirken. Dann ist er nicht mehr umgänglich sondern zeigt alle seine negativen Eigenschaften.

Als Partnerin eines Skorpion-Mannes kann man sich jedoch sicher sein, nie hintergangen zu werden. Ist die Beziehung gesund, ist er kein Mann, der anderen Frauen den Hof macht. Sein Leben läuft in vorgezeichneten Bahnen und da passen risikoreiche Affären kaum hinein. Die Frau an seiner Seite muss auf der gleichen Wellenlänge liegen. Liebt sie das Spiel mit anderen Männern, durchschaut er das meist sofort und wird sie nicht zur Ehefrau wählen. Täuscht sie ihn und er kommt erst nach einiger Zeit dahinter, kann er grausam Rache nehmen. Er ist der Typ Mann, der ihr die Koffer auf die Straße stellen kann. Und hat er so entschieden, gibt es nur selten eine Versöhnung. Er kann zwar verzeihen, wird aber nie vergessen, welche Schmerzen ihm zugefügt wurden.

In der Freizeit treibt er gerne Sport und übt sich in Mannschaftssportarten. Hier kann er seine Kondition und Kraft mit anderen messen. Er hat für Wettkämpfe aller Art viel übrig. Nicht selten ist er ein leidenschaftlicher Fußballfan und liebt Autorennen. Nimmt er selbst an Wettkämpfen teil, ist er ein schlechter Verlierer. Er nimmt den spielerischen Wettstreit oft sehr ernst und wird zum verbissenen Gegner, der auch in verloren geglaubten Situationen unmenschliche Kräfte entwickeln kann. In einem Team ist er oft der Spielführer, der mit Ausdauer, Taktik und sportlichem Ehrgeiz der Mannschaft zum Sieg verhilft.

Hat der Skorpion-Mann Familie, ist er gewöhnlich ein treuer und liebevoller Vater. Er bewacht seine Schützlinge mit Argusaugen. Oft will er nur das Beste für sie und schießt dabei über das Ziel hinaus. Nicht selten kennen seine Kinder ihn als strengen und fordernden Vater, der sie schon früh auf den Ernst des Lebens vorbereiten will. Unternimmt er Freizeitaktivitäten mit ihnen, haben sie meist einen didaktischen oder wettkämpferischen Charakter.

In seinem Inneren ist er eher konservativ. Für ihn steht meist schon von vornherein fest, dass er für die Familie sorgen wird. Haushaltstätigkeiten liegen ihm nicht. Frauen, die ihrer eigenen Karriere nachgehen, sollten sich auf Machtkämpfe einstellen.

Skorpion-Männer lassen sich in der Regel selten durch andere Meinungen beeinflussen. Haben sie einen Entschluss gefasst, lassen sie sich selten umstimmen. Sie halten treu an ihren Prinzipien fest und können deshalb einen recht konservativen Eindruck machen. Für viele Frauen ist der Skorpion-Mann das Sinnbild des idealen Mannes: Er ist treu, strebsam und ist der ideale Versorger für die Familie. Durch seinen ausgeprägten Hang, alles planen zu müssen und nichts dem Zufall zu überlassen, kann er aber auch etwas langweilig wirken. Nun liegt es an seiner Partnerin, ob sie ihn mit ihrer Spontaneität umstimmen kann. Zu gemeinsamen sportlichen Aktivitäten lässt er sich meist gerne überreden.

Der Skorpion-Mann zeigt gerne, was er hat. Vielleicht gibt er auch ein wenig an. Seinen Körper pflegt er wie ein Schmuckstück und bringt viel Zeit auf, ihn zu trainieren bis er ihm gefällt.

Kulinarischen Genüssen ist er nicht abgeneigt und so können die zusätzlichen Pfunde zum Problem werden. Übt er sich, kann er ein leidenschaftlicher Koch und herausragender Gastgeber werden. Sein Geschmack ist exquisit. Luxus bedeutet für ihn Genuss pur. Beim Urlaub in einem Wellness-Hotel kann er sich vollkommen entspannen.

Erotische Vorlieben des Skorpion-Mannes

Im Liebesspiel agiert der Skorpion-Mann offensiv und mit großem Verlangen. Ist sein Feuer entfacht, gibt es für ihn kein Zurück mehr. Er ist nicht der Typ, der Befriedigung beim Kuschelsex empfindet. Kleidung stört ihn und nichts ist ihm lieber, als seine Partnerin schon nackt im Bett vorzufinden. Lästiges Gefummel an Verschlüssen und Knöpfen ist nicht sein Ding.

Ist er in Gesellschaft, tauscht er selten Küsse aus. Er ist kein Mann, der gerne Intimitäten in der Öffentlichkeit austauscht. In den eigenen vier Wänden hingegen entwickelt er sich zum aktiven Part des Abenteuers. Nicht selten bestimmt er, mit welcher Geschwindigkeit vorgegangen wird.

Sex ist für ihn immer auch eine sportliche Betätigung. Hier kann er seine Ausdauer ausspielen und der Partnerin wirklich einmal zeigen, wie lange er durchhält. Nicht selten liebt er auch härtere Praktiken, bei denen er selbst Schmerzen zufügt. Zimperliche Frauen können erschreckt zurückweichen, wenn sie seine höchste Leidenschaft am eigenen Leib erfahren.

Bei den Sexualpraktiken liebt er den Gebrauch der Zunge und ist ein Meister auf diesem Gebiet. Nichts bringt ihn mehr in Fahrt. Wird er mit dem Mund verwöhnt, kommt er meist zu früh und ärgert sich dann über sich selbst.

Der Skorpion-Mann ist Sexspielzeug nicht abgeneigt und probiert die unterschiedlichsten Dinge und Praktiken gerne aus. Prüderie kann er bei seiner Partnerin nicht ausstehen. Trennt er sich ohne ersichtlichen Grund von seiner Partnerin, können unerfüllte Wünsche im Bereich der Sexualität eine große Rolle spielen. Für ihn ist Sex ein Teil der Liebe. Findet er unzureichend statt, sucht er sich eine Partnerin, die aufgeschlossener ist.

Der Skorpion-Mann reagiert stark auf visuelle Reize. Ein erotischer Strip kann ihn vollkommen aus der Fassung bringen.

Was Skorpion und Partner verbindet

Ob es in einer Beziehung Harmonie oder Streit gibt, ist nicht immer nur Sache der Charaktere. Man spricht nicht umsonst vom guten Stern, der über einigen Beziehung steht. Eine Liebe, die ein Leben lang anhält, ist der Wunschtraum vieler Menschen in einer heute sehr schnelllebig gewordenen Zeit. Fast alle sehnen sich danach, im Partner die Person gefunden zu haben, mit der alle Schwierigkeiten im Leben zu meistern sind. Zudem darf eine harmonische Beziehung nie soweit abkühlen, dass sich die Partner auseinander leben. Hier kann ein Blick in das Partnerhoroskop helfen. Eventuelle Spannungen können so früh neutralisiert werden. Denn nur wenn Probleme früh erkannt werden, lassen sie sich schnell und unkompliziert lösen.

Zu einer vollkommenen Liebe gehört eine erfüllte Sexualität. Hält geistige und körperliche Verbundenheit sich die Waage, wird eine Beziehung in der Regel immer unter einem guten Stern stehen. Aber welche Vorlieben hat der Partner im Bett? Das ist eine viel zu selten gestellte Frage, die für einige Paare in der Trennung endet. Das muss nicht so sein.

Je mehr Sie sich mit den Vorlieben Ihrer Partnerin oder ihres Partners beschäftigen, desto erfüllender können die intimen Stunden für Sie beide werden.

Nachfolgende Partnerkonstellationen führen verborgene Wünsche und Abneigungen offen auf, die Ursache für Unlust im Bett sein können. Unterhalten Sie sich darüber mit ihrem Partner. Oftmals wird erst so ein lange gehegter Traum Wirklichkeit. Natürlich ist beim Sex alles erlaubt, was gefällt. Auch wenn Ihre Neigungen nicht genau den hier beschriebenen Praktiken entsprechen, finden Sie viele Anregungen, die das Sexualleben beleben können.

Widder als Partner des Skorpions

Die Eifersucht des Skorpions kann den Widder nicht nur einmal zur Verzweiflung bringen. Hier ist Vorsicht geboten! Nicht selten scheitern Beziehungen dieser beiden Sternzeichen daran.

Skorpione sind Energiebündel. Sie versäumen keine Gelegenheit, auszugehen und Kontakte zu knüpfen. Verscherzt man es aber mit Ihnen, können sie so böse werden, dass man in Deckung gehen muss. Auch bei ihrem Partner billigen sie selten Schwächen und können diese auch selten nachvollziehen.

Die Leidenschaft eines Skorpions erstreckt sich nicht nur auf das Sexualleben. Darin unterscheidet sie sich vom Widder. Alles, was sich der Skorpion vornimmt, setzt er durch. Da der Widder einen ähnlichen Machtanspruch hegt, kann es zu Spannungen kommen, die manchmal schwer auszuräumen sind.

Oft finden sich diese Paare erst, wenn sie sich bereits die Hörner bei anderen Partnern abgestoßen haben. Dann haben beide die nötigen Erfahrungen gesammelt und können sich sehr gut in den anderen hinein versetzen. Sie erkennen dann die Leistungen des anderen ohne Hintergedanken und Konkurrenzdrang an und können ihn von Herzen unterstützen.

Haben beide das notwendige Vertrauen zueinander und begehen keine Fehltritte, die die Treue in Frage stellen, sind sie ein Paar mit Zukunft. Beide sollten sich jedoch vor Affären hüten. Bekommt der Partner davon etwas mit, kann das sehr böse ausgehen. Denn Skorpione wie auch Widder vermengen ab und zu Eifersucht und Rachsucht zu einem giftigen Cocktail.

Das Liebesspiel des Skorpion-Widder Paares

Der Skorpion liebt Machtspiele – auch im Bett. Das macht ihn zu einer wahnsinnig anziehenden Persönlichkeit für den Widder. Der Widder will nichts anderes, als den Skorpion unterwerfen. Diese Spannung kommt auch im Sexualleben dieses Paares auf. Sie kann einerseits zu kraftvollen und lang andauernden Erlebnissen führen, andererseits aber auch zu fast brutal wirkenden Akten auf Bahnhofstoiletten.

Deuten beide Partner die Signale des anderen richtig, kann daraus eine der reizvollsten Partnerschaften entstehen. Gelegenheiten gibt es immer. Und der Widder ist in fast allen Situationen dazu bereit, dem Skorpion seine Wünsche zu erfüllen. Nicht selten erleben diese Paare ihre Sexualität eher an ungewöhnlichen Orten oder im Urlaub. Beide lieben die Extravaganz und können mit Alltagsmonotonie nicht viel anfangen. Vielleicht liegt hier auch die Schwäche des Paares.

Der impulsive Tatendrang des Widders ist hier das verbindende Element, das das Paar in gemeinsamen aufregenden Unternehmungen aufgehen lässt. In der Widder-Skorpion-Partnerschaft dauert Sex nicht allzu lange. Dafür ist er umso kraftvoller und intensiver. Nicht selten tragen beide kleinere Blessuren davon, wenn sie sich vereinigen. Da beide Sternzeichen einen Hang zur Selbstdarstellung haben, wird man sie ab und an auch mit einem Spiegel über dem Bett vollkommen glücklich machen können.

Stier als Partner des Skorpions

Stiere bauen mit ihrer beständigen Natur das Haus für beide auf und bewahren es. Skorpione rütteln hier und da. Ohne den Stier an ihrer Seite wäre das Haus manchmal verloren. Zu schnell reißen sie das ein, was sie schnell und ehrgeizig errichtet haben.

Nun könnte man meinen, dass diese Konstellation niemals unter einem guten Stern steht. Allerdings täuscht man sich hier. Es gibt sehr viele Skorpione, die die Stärke und die Behäbigkeit des Stieres, die keinesfalls mit Langeweile verwechselt werden darf, schätzen.

Der Stier seinerseits müsste den aufreibenden Skorpion eigentlich eher ablehnen als mögen. Da täuscht man sich allzu oft. Denn genau durch die Energie des Skorpions kommt der Stier aus seiner passiven Haltung heraus, wird beweglich und vollführt geradezu Luftsprünge.

Leichtigkeit kann bei diesem Paar allerdings nur im Vordergrund stehen, wenn der Skorpion den Bogen nicht überspannt und seinem Hang zur kompletten Demontierung nicht nachgibt.

Da beide, Skorpion und Stier, sehr stur sein können, ergibt sich ein weites Feld für Konflikte. Für beide ist es nicht leicht, diese Hindernisse zu umschiffen. Mit ein wenig Toleranz und Rücksichtnahme sollte es allerdings gut gelingen. Wenn die Partner sich ihr Leben lang kritisch selbst hinterfragen und an der Beziehung arbeiten, wird sie selten wieder etwas auseinander bringen und sie wissen ihre glückliche Zweisamkeit zu schätzen.

Das Liebesspiel des Skorpion-Stier Paares

Im Bett passen beide Partner gut zusammen. Denn beide haben oft Lust auf Sex. Sie hegen den Wunsch nach unkomplizierter Befriedigung ohne Spielereien. So wird auch mal auf das Vorspiel verzichtet und nach dem Kuss schon zum Liebesakt geschritten.

Beide, Stier wie Skorpion, legen wenig Wert auf Träumereien und Wunschvorstellungen im Vorfeld. Für sie zählt, was wirklich passiert. Wird es für gut befunden, kann die Beziehung bestehen. Ausgefallene Spielarten sind bis auf Ausnahmen nicht das Spielfeld dieses Paares. Beide mögen es eher direkt und kräftig. Auch in der Sprache kommt dies zum Ausdruck. Hier können sie sich durch Worte zur höchsten Lust bringen und so erregen, dass sie regelrecht über einander herfallen. Dann ist Vorsicht geboten. Denn Schnell kann der Stier zu viel Kraft freisetzen und den Skorpion unbeabsichtigt verletzen oder ihm Schmerzen zufügen. Und ist der Skorpion einmal beleidigt, ist er nicht mehr so schnell umzustimmen.

Vor einem Spiegel im Badezimmer können sich beide wie in Trance in ihr eigenes Abbild vertiefen. Sie lieben nicht nur den Partner, sondern auch ihren eigenen Körper. So gehört auch ein Spiegel über dem Bett oder Videoaufnahmen zum Repertoire dieser Liebenden. Visuelle Eindrücke bringen sie richtig in Fahrt.

Zwillinge als Partner des Skorpions

Nein, dass darin eine gemeinsame Zukunft stecken soll, hört sich an wie ein Märchen. Allerdings kommt diese Beziehung nicht allzu selten vor. Skorpion und Zwilling lernen sich oft auf einer Party kennen, landen im Bett und wissen am nächsten Tag nicht mehr, was sie eigentlich zueinander getrieben hat.

Dauert die Beziehung länger, ergeben sich einige Problematiken, die leider nur schwer aus der Welt zu schaffen sind: Da wäre der Begriff der Treue, den Zwillinge in der Regel sehr großzügig auslegen. Skorpionen kann er hingegen nicht streng genug gefasst sein.

Diesem Kapitel folgt die Eifersucht. Und ein eifersüchtiger Partner ist so ziemlich das Letzte, was ein Zwilling gebrauchen kann.

Engt der Skorpion auch den Alltag durch gesetzte Grenzen ein, wird der Zwilling schnell das Weite suchen. Er mag in seiner Entfaltung, die einen Teil seines Lebensglücks ausmacht, nicht zurückstecken. Das Besitzergreifende des Skorpions macht ihm regelrecht Angst.

Sind die eifersüchtigen Charaktereigenschaften des Skorpions weniger ausgebildet, können sich beide – mit der nötigen Toleranz – arrangieren. Allerdings müssen sie aufeinander zugehen und offen über ihre Gedanken und Gefühle sprechen.

Kommt es tatsächlich zum Fremdgehen, wird sich ein Skorpion selten beruhigen lassen. Er kann mit diesem Gedanken nicht leben.

Das Liebesspiel des Skorpion-Zwillinge Paares

Was sich im Zusammenleben schwierig gestaltet, kann ohne Worte so einfach sein. Partner der Sternzeichen Zwillinge und Skorpion verstehen sich im Bett außergewöhnlich gut. Sie wissen auf Anhieb, was dem anderen gefällt.

Auch die Neigung des Skorpions, die Führungsrolle in Anspruch zu nehmen, stößt beim Zwilling nicht auf Gegenwehr, da er sich sehr gut in seinen Partner einfühlen kann. Nicht selten ist guter Sex der Kitt dieser Beziehung. Er hält sie am Leben, facht sie an, wenn sie schon erloschen ist und bleibt in bleibender Erinnerung.

Hier haben sich zwei gefunden, deren Beziehung zwar spannungsgeladen ist, die aber im Bett immer wissen, woraus es ankommt. Kraftvoll und fest packt der Skorpion zu. Hier begegnet er einem Partner, dem das Wonne bereitet. Dieses Paar kann schon beim ersten Mal wundervollen Sex haben, der so gut wie nie im Frust endet.

Zu den Spielarten dieses Paares können auch bizarr wirkende Fesselspiele oder SM-Praktiken gehören, die ihren Lustgewinn aus Dominanz und Unterwerfung beziehen. Einem solchen Paar sei geraten, Liebe und Sex nie zu trennen. Sonst wird die Zukunft nicht so rosig, wie sie ihm vielleicht im Moment noch erscheint.

Krebs als Partner des Skorpions

Im Bett und in der Beziehung findet der Krebs hier ein Gegenstück, was ihn dauerhaft fasziniert. Harmonie steht hier nicht immer im Vordergrund. Denn das, was beide antreibt, könnte man als tägliches Lebensexperiment beschreiben. Aufregender Wankelmut paart sich hier mit leidenschaftlicher Zuneigung. Langweilig wird es diesem Paar kaum. Der Partner verkörpert meist genau das, was dem eigenen Charakter fehlt. Gegensätze ziehen sich an.

Krebse geben Skorpionen meist keine Gründe für Eifersucht. So bleibt das Vertrauen erhalten. Skorpione müssen sich keine Sorgen darum machen, dass ihnen der Krebs die Führungsrolle streitig machen will. Krebse erkennen den Arbeitseifer, der in der Natur des Skorpions liegt, an. Sie fügen sich auch den strategischen Entscheidungen ihres Partners. Allzu eigenmächtig und ohne Absprache sollten Skorpione dennoch nicht handeln. Bei Entscheidungen, die das gemeinsame Leben betreffen, hat der Krebs gerne ein Wörtchen mit zu reden. Kann er überhaupt nicht erkennen, dass seine Meinung gefragt ist, reagiert er mit Rückzug und die Beziehung wird so kaum Zukunft haben.

Stehen wichtige Entscheidungen an, sollte das Geld für unabhängige Gutachter oder Berater ausgegeben werden. So wird Streit vermieden. Diese Ausgabe lohnt sich also nicht nur finanziell für beide.

Das Liebesspiel des Skorpion-Krebs Paares

Im Liebesnest wird – wie auch in der Beziehung – die Gestaltung meist dem Skorpion überlassen. Das könnte aber darüber hinwegtäuschen, dass der Krebs subtiler agiert. Mit unmerklichen Signalen bringt er meist erst den Stein ins Rollen.

Der Krebs genießt in der Regel die kraftvolle Herangehensweise des Skorpions, der nichts von theoretischen Liebesweisen hält. In der Praxis muss sich der eigene Körper beweisen. Er genießt Bewunderung, obwohl er nicht immer offensichtlich eitler Natur ist. Krebse, die Anerkennung zollen, werden mit unglaublich intensiver Ausdauer belohnt.

Schüchternheit liegt dem Skorpion meist nicht. Er wird deshalb das Licht anlassen. Bei den Sexualpraktiken tendiert der Skorpion manchmal zu sadistischen Spielchen. Er liebt es, seinen Partner in gefügige Positionen zu zwingen. Liegt dieses Liebesspiel beiden Partnern, steht es unter einem leuchtenden Stern und beide kommen voll und ganz auf ihre Kosten. Allerdings setzt das eine devote Grundhaltung des Krebses voraus.

Sollte diese Eigenschaft des Skorpions nicht sehr ausgeprägt sein, finden beide auf Augenhöhe zusammen. Dann ist auch die Libido ähnlich verteilt und das Sexualleben wird zu einem der schönsten Bereiche ihres Lebens.

Löwe als Partner des Skorpions

Zuckerbrot und Peitsche?
So oder ähnlich wird diese Beziehung oft beschrieben.
Löwen, die naturgemäß alle anderen Sternzeichen dominieren, finden im Skorpion einen Partner, der hier mit seinem giftigen Stachel spielen kann. Der Löwe fordert in dieser Konstellation offen zum Kampf heraus. Und ein Skorpion kämpft anders. Er brüllt nicht laut und dann ist die Angelegenheit wieder vergessen. In ihm bleiben Eifersucht und Zorn besonders lange am Leben. Löwen, die sich auf ein solches Verhältnis einlassen, sollten sich vor dem Fremdgehen hüten. Ihr Skorpion wird ihnen im Innersten seines Herzens diesen Fehltritt nie richtig verzeihen können. Aber nicht nur in der Liebe – auch im Alltag – haben sich hier zwei kämpferische Naturen gefunden. In kaum einer anderen Beziehung wird so viel offen diskutiert und gestritten. Energie haben beide genug dafür.
Soll die Bindung ein ganzes Leben lang halten, werden sich beide auf Kompromisse verständigen müssen. Von Löwen ist Treue gefordert, von Skorpionen Toleranz. Bewegen sie sich auf diese Art auf einander zu, steht diese Beziehung unter einem leuchtenden Stern und wird nie langweilig.

Das Liebesspiel des Skorpion-Löwe Paares

Löwe und Skorpion sollten sich beide davor hüten, Sex als Machtmittel zu missbrauchen. Dadurch berauben sie sich der schönsten Momente, die diese Beziehung zu bieten hat.

Also bitte keine vorgetäuschten Kopfschmerzen!

Liegen sie aber dann endlich im Bett, finden sie sehr gut zusammen. Sie ergänzen sich in Kraft und Ausdauer. Auch die Dominanz wechselt hier zwischen ihnen hin und her. Nicht selten ergeben sich daraus aufregende Spielarten eines nicht alltäglichen Sexuallebens.

Der Löwe, der die Natürlichkeit liebt, lässt sich gerne vom Skorpion für ausgefallene Praktiken begeistern. Ein Paar, das nicht selten durch Sexshops streift und mit Lack und Leder oder sogar mit Handschellen vom Einkauf nach Hause kommt. Fesselspiele und verbundene Augen, das sind die Experimente, die dieses Paar auf jeden Fall einmal ausprobieren sollte.

Jungfrau als Partner des Skorpions

Auch wenn es einmal zänkisch zugeht, steht eine solche Verbindung unter einem guten Stern. Beide Partner haben scharfe Zungen und machen auch Gebrauch davon. Dass das mitunter auch verletzend sein kann, erfahren sie gleichermaßen. Das hat den Vorteil, dass sie beide aus ihren Fehlern lernen können, ohne gleich auseinander zu gehen.

Das Leben des Paares verläuft meist in geordneten und geregelten Bahnen. Überraschungen, besonders der negativen Art, mögen beide weniger. So legen sie sehr viel Wert auf eine Absicherung im Alter und auf ihre eigene Gesundheit.

Der Skorpion findet in der Jungfrau zudem ein Gegenüber, das eine Unmenge an Geheimnissen zu bergen scheint. Immer wieder wird der Skorpion-Geborene Anstrengungen unternehmen, diese aufzudecken. Offenbart sich die Jungfrau komplett, kann sie den Skorpion langweilen. Gerade im Geheimnisvollen liegt die Spannung dieser Beziehung.

Das Liebesspiel des Skorpion-Jungfrau Paares

Auf dem Gebiet der Sexualität agiert die Jungfrau naturgemäß zurückhaltender als der Skorpion. Der Skorpion geht mit feurigem Eifer heran und muss bald feststellen, dass hier eine andere Taktik gefragt ist. Die Jungfrau wird sich zwar in ihn verlieben, jedoch wird das so gut wie nie über den sexuellen Aspekt erfolgen. Körperliche Liebe ist für sie mit der geistigen Liebe eng verbunden. Und nur aus diesem Grund ist sie eine nicht so leicht zu knackende Nuss.

Trotzdem gelingt es dem Skorpion durch Zurücknahme seines Eifers, die Jungfrau ins Bett zu locken. Besteht die Beziehung länger, finden beide zueinander, da auch die Jungfrau mutiger und offensiver mit ihrer Sexualität umgeht. Treffen sich beide in der Mitte, müssen sie oft keine zu großen Abstriche machen, um guten Sex zu haben.

Manchmal lässt sich eine Jungfrau sogar zu besonderen Spielarten überreden. Dann lässt sie sich für einige Momente ganz gehen und vergisst ihre Selbstbeherrschung.

Waage als Partner des Skorpions

Um die Waage-Skorpion-Verbindung beurteilen zu können, muss man beide Partner genauer betrachten. Sind die negativen Eigenschaften beider sehr ausgeprägt, wird eine solche Beziehung kaum mehr als ein paar Monate dauern. Anfangs schwelgt das Paar im Luxus der Gefühle. Kritiker werden ausgebuht und nicht selten gibt es dann erst nach dem Absetzen der rosaroten Brille das bittere Erwachen.

Gehen beide Partner allerdings auf einander zu und können Verständnis für die Gegenseite aufbringen, kann eine spannungsvolle Harmonie zwischen beiden entstehen. Skorpione sollten sich davor hüten, die Beziehung zu oft zu hinterfragen oder immer wieder zu kritisieren. Waagen lehnen das von Grund auf ab – denn sonst hätten sie sich ja gleich für einen anderen Partner entschieden.

Der unterschiedliche emotionale Charakter beider Sternzeichen kann die Beziehung aber auch sehr bereichern. Dann kommt nie Langeweile auf und positive Aktivität steht bei beiden im Vordergrund.

Das Liebesspiel des Skorpion-Waage Paares

Für beide, Waage und Skorpion, ist die körperliche Liebe Bedingung für eine gute Beziehung. Will es im Bett nicht klappen, kann die Verbindung komplett in Frage gestellt werden. So entscheidet sich meist schon während der ersten Wochen, ob mehr daraus wird.

Liegen die Interessen beim Liebesspiel jedoch auf gleicher Ebene, wird Sex das verbindende Element zwischen den Partnern. Die körperliche Liebe kann Wunden heilen und zur Förderung der Harmonie beitragen. Die so genannte Versöhnung im Bett kann hier kaum kritisiert werden. Denn das Paar versteht es kurz vor oder nach dem Akt noch schnell Probleme beiseite zu schieben, wozu es in einer anderen Situation kaum in der Lage wäre.

Skorpione sollten sich jedoch vor zuviel Eifersucht hüten. Meistens sind die Zweifel unbegründet. Waagen sind zwar dem Flirten nicht abgeneigt, jedoch würden sie für eine Affäre kaum eine gute Beziehung aufs Spiel setzen.

Skorpion als Partner des Skorpions

Wenn die Partner dieser seltenen Verbindung ihren Drang, die Leitfunktion zu übernehmen, reduzieren, ist das Glück nicht weit entfernt. Bestehen beide allerdings auf ihre Ansprüche und gehen keine Kompromisse ein, wird nicht selten eine Hassliebe aus einer Leibe, die recht leidenschaftlich begonnen hat. Das wäre schade.

Um eine Liebe auf Augenhöhe zu führen, sind immer beide Partner gefragt. Und der eine muss dann mal etwas mehr nachgeben als der andere. Ist es aber immer der gleiche Partner, der klein beigeben muss, wird ihm das auf die Dauer Schmerzen zufügen. Zur Trennung kommt es nicht gleich – jedoch sollte der Skorpion-Partner stets ein wachsames Auge auf die Gefühlswelt seines Partnersternzeichens haben.

Leidenschaft, die Liebe aufrecht zu erhalten, tragen auf jeden Fall beide im Herzen. Das ist das beste Vorzeichen für eine gesunde Beziehung, die lange andauert.

Das Liebesspiel des Skorpion-Skorpion Paares

Die Skorpione kämpfen um die Macht. Leider vertun sie hier viel Kraft, bevor es eigentlich zur Sache geht. Hat der eine Lust, hat der andere mal wieder keine und umgekehrt. Hier können grausame Schlachten geschlagen werden, die nicht selten mit Verletzungen enden.

Schrauben beide ihre Ansprüche etwas herunter, tut das nicht nur ihrem Sexleben gut – sondern auch der Beziehung. Skorpione stellen manchmal so viele Ansprüche an sich selbst, dass sie sich nicht mehr so richtig gefallen. Lieben sie sich nicht selbst aus ganzem Herzen, kann der Partner oft auch wenig Erotisierendes an ihnen finden. Joga oder Entspannungstechniken können hier helfen, den Alltagsstress hinter sich zu lassen und für die Liebe abzuschalten.

Beide lieben kreatives Kochen und gutes Essen. In der Küche kann so eine stimmungsvolle Basis entstehen, die ihren Höhepunkt im Bett oder gar noch in der Küche findet. Wer noch nie versucht hat, seinem Partner die Augen zu verbinden und ihn mit traumhaften Leckerbissen zu verwöhnen, hat eindeutig etwas versäumt.

Schütze als Partner des Skorpions

Ein Skorpion sucht in seinem Partner naturgemäß einen treuen Gefolgsmann – männlich oder weiblich. Schützen fügen sich nicht gerne in diese Rolle. Sie bestimmen gerne selbst, wohin die Reise geht, denn ihr Drang nach freier Lebensgestaltung ist stärker als alles andere. Das macht es dem Skorpion schwer, hier seine Vorstellungen zu verwirklichen. Konflikte sind vorprogrammiert. Schützen, die ihren Drang zum Ausleben der eigenen Freiheit reduzieren können und auch Kompromisse eingehen, stellen für den Skorpion die bessere Alternative dar.

Hier finden sich nun zwei Gleichgesinnte, die den Blick immer nach vorne richten. Selten wird es zu Gesprächen kommen, die die Vergangenheit betreffen. Mit zukunftsorientiertem Denken schreiten alle beide Schritt für Schritt nach vorne und bringen es in der Regel weit. Die Kreativität und das spontane Moment des Schützen treffen beim Skorpion auf einen eisernen Durchsetzungswillen. So ergänzen sich beide Sternzeichen und bilden eine große Schnittmenge, von der sie ein Leben lang zehren können.

Das Liebesspiel des Skorpion-Schütze Paares

Gleich zu Beginn dieser Beziehung steht fest, wer von beiden Partnern die kreative Rolle übernimmt.

Oft ist es die Frau, die hier eher passiv agiert und den Mann durch laszive Bewegungen dazu ermuntert, sie nach allen Künsten zu erforschen und zu verwöhnen. Sie ist eine Meisterin darin, ihren Körper in all ihrer Pracht darzustellen und sich seinem Blick zu öffnen. Nicht selten ist sie dann überrascht, mit welcher Gier er sie verschlingt.

Schützen gebrauchen ihre Zunge meisterhaft. Ihre Hände sind zärtlich und gefühlvoll. Allerdings können sie sich manchmal nicht lange genug beherrschen und kommen zu früh.

Skorpione sind ausdauernd und unberechenbar. In ihnen schlummert eine sexuelle Kreativität, die ihresgleichen sucht. Sie verstehen es, mit außergewöhnlichen Einfällen immer wieder die Lust des Partners anzustacheln.

In dieser Verbindung wird es so gut wie nie langweilig.

Steinbock als Partner des Skorpions

In dieser Konstellation sind beide ehrgeizig bei der Sache. Selten wird eine Minute sinnlos verschwendet. Obwohl die Partnerschaft zwischen Steinbock und Skorpion ungewöhnlich erscheint, verbinden sich hier zwei Sternzeichen in fast vollkommener Harmonie.

Hat der Skorpion bei anderen Sternzeichen Grund zur Eifersucht – kann er hier auf seinen Partner vertrauen. Auch der Steinbock genießt diese, ihm entgegengebrachte Wertschätzung. Er fühlt sich wohl. Denn hier ist es gemütlich. Treue wird vom Steinbock vorausgesetzt und im Wesen des Skorpions kann man selten eine Tendenz zu Seitensprüngen erkennen.

Beide Wesen sind mit sich selbst zufrieden. Das ist die beste Voraussetzung, auch den anderen mit all seinen kleinen Fehlern und Macken zu lieben. Obwohl der Skorpion nicht immer dazu neigt, dem Partner genügend Freiraum zu geben – hier kann er es bedenkenlos tun. Sein spontanes Wesen hält den oft in sich ruhenden Steinbock auf Trab. Der Gehörnte darf von spontan einberufenen Partys ebenso wenig überrascht sein, wie wenn der Skorpion ihn aus heiterem Himmel fragt, ob er ihn heiraten will. In diesem Fall sollte er seinem Herzen folgen – sein Bauchgefühl sagt meist die Wahrheit.

Das Liebesspiel des Skorpion-Steinbock Paares

Beide Partner senden deutliche Signale, wenn sie Lust aufeinander verspüren. Sie lieben keine zu langen Vorspiele. Hier holt sich jeder, was er für sein Glück braucht. Diese vielleicht egoistisch anmutende Verbindung hat jedoch einige Vorteile. Erstens machen sich beide wenig Gedanken und können abschalten, zweitens können sie meist genau definieren, was ihnen Spaß macht. So ist Sex zwischen Steinbock und Skorpion meist von vornherein eine klare Angelegenheit, bei der es kaum zu Missverständnissen kommt.

Beide sollten jedoch ab und zu einmal über ihren Tellerrand hinausschauen und ihrem Partner exklusive Glücksmomente bereiten. Ein solcher Liebesbeweis wiegt schwerer als die obligatorischen Blumen zum Geburtstag. Hier wird der Partner auf die höchste Stufe gehoben und kann in der Empfindung aufgehen, die ihm durch die Verwöhnung zukommt. Die gegenseitige Dankbarkeit wird größer und größer werden. Langeweile kann hier kaum aufkommen. Wer es noch nicht versucht hat: Zungenspiele gehörten schon im alten Griechenland zu den schönsten sexuellen Erlebnissen.

Wassermann als Partner des Skorpions

Zwei Energiebündel treffen aufeinander. Wenn es hier zu keinem Kurzschluss kommt, hat diese Beziehung Zukunft. Spannung und Aktivität – beides Eigenschaften beider Tierkreiszeichen – bilden hier ein tolles Doppelpack.

Gesellt sich die Bereitschaft dazu, den Partner in seinem Handeln zu unterstützen und die Erfolge gemeinsam zu feiern, steht diese Verbindung unter einem glücklichen Stern. Skorpione streben zwar danach, ihren Wassermann unter Kontrolle zu halten – sie sollten jedoch die Fesseln etwas lockerer lassen. Wassermänner lieben die Freiheit und können ganz schön sauer werden, wenn sie sich zu stark einschränken müssen. Nicht selten suchen sie sich aus diesem Grund einen anderen Partner, der mehr auf ihre Bedürfnisse eingeht.

Zukunftspläne gibt es in dieser Beziehung mehr als genug. Damit sie in Glück und bares Geld umgewandelt werden können, bedarf es jedoch den Willen beider Partner, am gleichen Strang zu ziehen. Gesellt sich Neid und Missgunst dazu, wird der Umgangston rauer. Um das zu vermeiden, sollten beide mehr auf ihren Partner eingehen und nicht immer nur an sich denken.

Das Liebesspiel des Skorpion-Wassermann Paares

Das Paar strebt danach, seine innersten Gefühle – seien sie auch noch so verwegen – mit dem Partner auszuleben. Nicht selten finden sich beide in Sparten des harten Sex oder in der Sado-Maso-Szene wieder. Natürlich werden nicht alle Verbindungen dieser Art in Lack und Leder auftreten. Die Tendenz zu Machtspielen haben beide Partner.

Es ist die Vorliebe des Skorpions, den Wassermann während des Liebesspiels zu unterwerfen. Der Wassermann-Geborene fügt sich aber selten seinem Schicksal. Er begehrt auf und versucht seinerseits den Skorpion in devote Haltungen zu zwingen. Sind die Rollen klar verteilt, kann sich für sie eine befriedigende Sexualität entwickeln.

Streben alle beide hingegen sie Führungsposition an, kann es auch zu starken Spannungen kommen. Nicht selten wendet sich dann ein Partner vom anderen ab. Gegenseitige Achtung und Respekt sind die Grundvoraussetzungen für einen wundervollen Liebesakt. Und wenn dem Partner eine Praktik nicht zusagt, sollte der andere das akzeptieren und ihm für seine Offenheit danken. Nur so kann auch im Bett Harmonie herrschen – auch wenn es härter zugeht.

Fische als Partner des Skorpions

Auf geistiger Ebene liegt dieses Paar auf einer Wellenlänge. Sie verstehen sich meist vom ersten Augenblick an. Sind sie einmal von einander fasziniert, zieht es sie wie magisch zueinander. Sie flirten ausgiebig. Und der Fische-Partner findet schnell sein Mittel, den Skorpion zu verführen.

Skorpione fühlen sich, als wären sie auf eine Goldader gestoßen. Nicht selten wird der Fisch ihnen die Wünsche von den Augen ablesen.

Mit Einfühlungsvermögen schaffen es beide Partner, ihre negativen Seiten zu verdrängen. Sie merken schnell, dass sie ihre Energie für sinnvollere Tätigkeiten verwenden könne, als immer nur zu streiten. Beide sollten sich jedoch davor hüten, mit den Gefühlen des anderen zu spielen. Skorpione reagieren darauf eifersüchtig und unberechenbar, Fische ziehen sich zurück und verstummen.

Um eine Trennung zu vermeiden, sollten sich beide ihrer Stärken und ihrer Waffen bewusst sein und diese nie gegen ihren Partner richten. Sie sollten sich dann immer Fragen, warum sie denn eigentlich zusammengekommen sind. Und die Wogen werden sich wieder glätten.

Das Liebesspiel des Skorpion-Fische Paares

Der fantasievolle Fisch wird das Sexleben des Skorpions auf eine Art bereichern, die selbst ihm die Sprache verschlägt. Man liebt sich hier sowieso ohne Worte. Denn wozu etwas sagen?

Alles passt perfekt. Der Fische-Geborene versteht es, die Stimmung des Skorpions zu erahnen. Wünscht sich der Skorpion etwas, hat es der Fisch es meistens schon erraten. Ihn begeistert die Ausdauer und die Spontaneität des Skorpions – und er kann fast immer alle Kraft in ihm freisetzen. So scheint es nur vordergründig so, als würde der Skorpion-Geborene immer den Ton angeben.

Durch die Gabe, sich auf jede Situation einstellen zu können, hat der Fisch im manchmal launischen Skorpion einen Partner gefunden, der ihn auf Händen trägt. Nicht zuletzt ist es der Beschützerinstinkt des Skorpions, den besonders schüchterne Fische lieben. Sie können sich beruhigt zurücklehnen und ihr Leben genießen – auch im Bett.

Der Jahresrhythmus der Sternzeichen

Wie beim bekannten Biorhythmus gibt es auch in der Liebe zeitweise Höhen und Tiefen. In der Partnerschaft kann es deshalb zu Hochgefühlen und Konflikten kommen, die persönlich schwer beeinflusst werden können. Manchmal denken wir, dass wir schon morgens mit dem falschen Fuß aufgestanden sind, an anderen Tagen fühlen wir uns energiegeladen und uns gelingt alles, was wir uns für diesen Tag vorgenommen haben. Wenn es uns gelingt, die innere Uhr abzulesen, die von unserem Sternzeichen beeinflusst wird, haben wir die Möglichkeit, unser Leben positiv zu beeinflussen. Nicht immer ist es vorteilhaft, sich mit aller Kraft einer inneren Stimmung entgegen zu stemmen. Wenn wir die Ursache jedoch kennen, können wir auch mit unseren Schwächen behutsamer umgehen und sie lieben lernen.

Wir sind eine Einheit aus Geist und Körper. Wenn etwas aus dem Gleichgewicht gerät und eine Seite elementar vernachlässigt wird, hat das oft gesundheitliche Probleme zur Folge. Um dieser Gefahr vorzubeugen, genügt es, seine innere Stimme lesen zu lernen um seine Reserven besser abschätzen zu können.

Die folgenden Diagramme helfen dabei, unbewusste Schwächen und Höhen des Sternzeichens im Jahresverlauf zu erkennen – auch wenn sie zum jeweiligen Zeitpunkt vielleicht nicht offensichtlich sind. Ist eine Kurve im Tal, bedeutet das nicht, dass es zur Zeit unmöglich ist, gewisse Dinge trotzdem in Angriff zu nehmen. Im Gegenteil: Es sollte Motivation geben, die zur Zeit vernachlässigten Bereiche in Eigeninitiative zum Positiven zu wenden.

Die Sterne beeinflussen zwar unser Leben, jedoch können wir eigene Richtungen und Impulse setzen, die auch in scheinbar negativen Konstellationen zu Erfolg und Glück führen können.

Libido

Diese Kurve zeigt unsere unbewusste sexuelle Energie an. Zeiten sexueller Aktivität und Kraft wechseln mit scheinbar lustlosen Momenten. In Zeiten der Hochphasen, spüren wir die sexuelle Anziehungskraft des Partners besonders stark. Wir begehren und wünschen uns begehrt zu werden. Schläft die Libido zeitweise ein, ist es an der Zeit, das Feuer neu zu entfachen.

Körper

Der eigene Körper gerät in dieser schnelllebigen Zeit oft in Vergessenheit. Oft spüren wir ihn erst, wenn er Warnsignale aussendet. Manchmal ist es dann schon zu spät, ihm wieder Erholung zu verschaffen. In Zeiten der Kraftlosigkeit empfiehlt sich Sport, Wellness und die Beschäftigung mit dem eigenen Körper.

Geist

Im Berufsleben beanspruchen wir ihn oft so stark, dass wir zu Hause nur noch unsere Ruhe haben wollen. Stress ist Gift für unsere Seele. Er wirkt sich negativ auf unsere Gesundheit aus. Viele Menschen gönnen sich zu wenig Zeit für sich selbst. Meditation und Entspannungstechniken helfen uns dabei, Krisensituationen zu meistern und wieder Energie zu tanken.

Liebe

Liebe bedeutet hier, dem Partner Aufmerksamkeit zu schenken, und ihm zuzuhören. Niemand steht seinem Partner näher als Sie selbst. Es liegt an Ihnen, Situationen zu wundervollen Momenten zu verwandeln. In diesen vertrauensvollen Phasen spüren sie das innere Band, das sie verbindet.

Skorpion-Frau

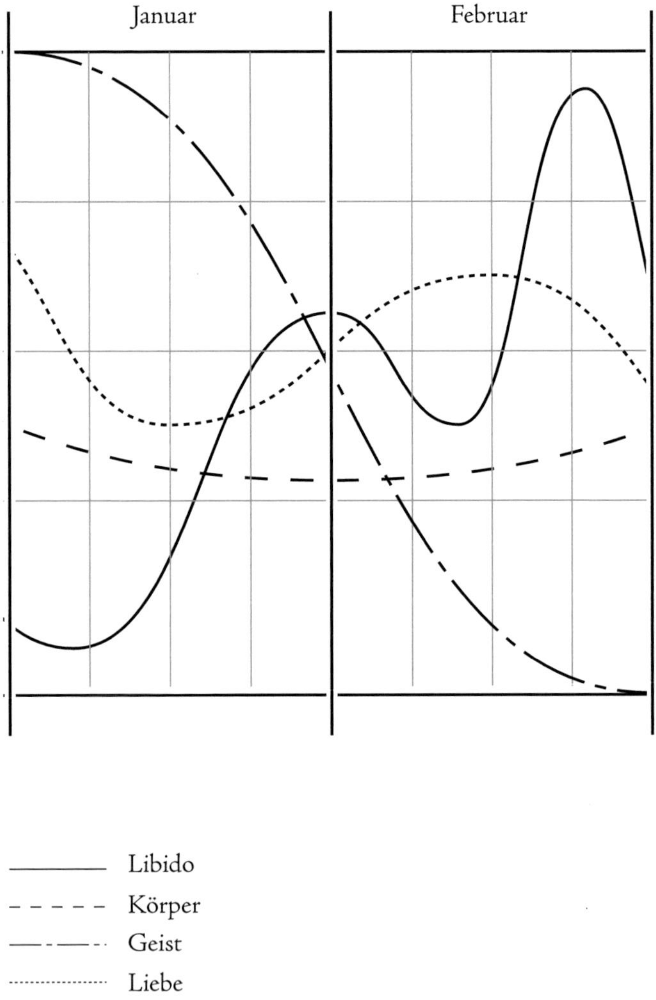

Januar	Februar

_____ Libido

- - - - - Körper

—·—·— Geist

·············· Liebe

Skorpion-Frau

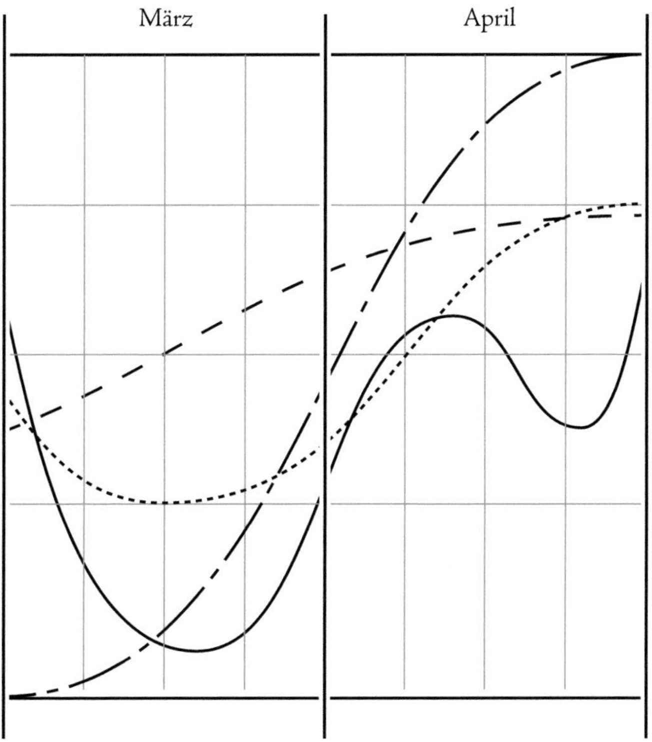

März	April

——————— Libido

– – – – – Körper

—·—·— Geist

···················· Liebe

Skorpion-Frau

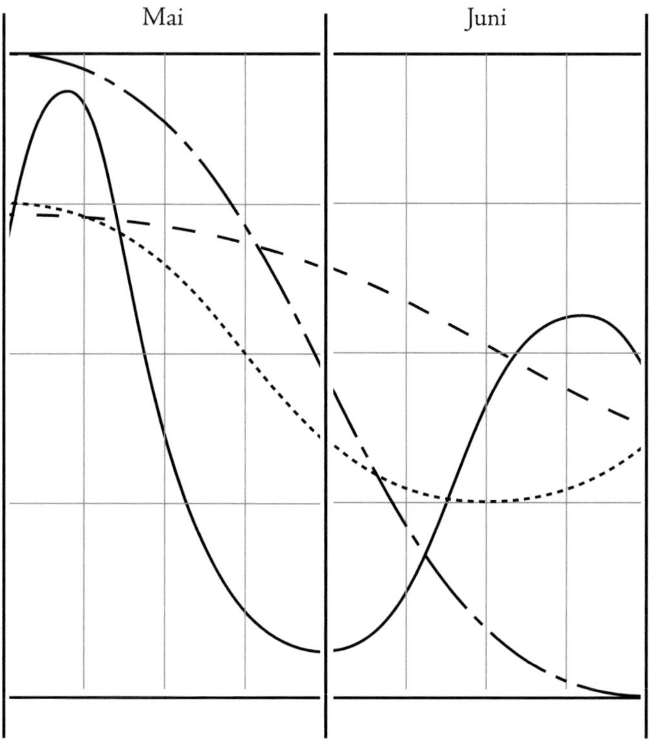

Mai	Juni

——————— Libido
– – – – – Körper
—·——·- Geist
··················· Liebe

Skorpion-Frau

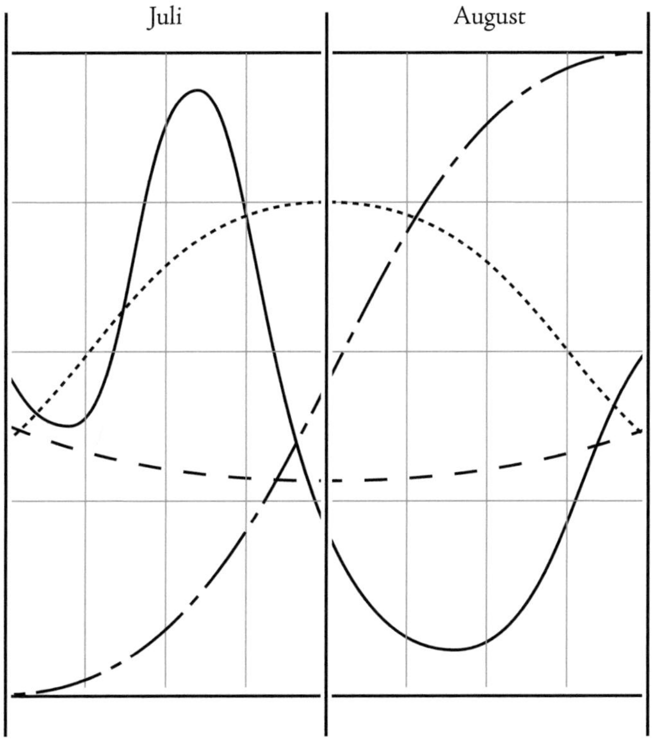

Juli	August

_____ Libido

- - - - - Körper

—·—·— Geist

·············· Liebe

Skorpion-Frau

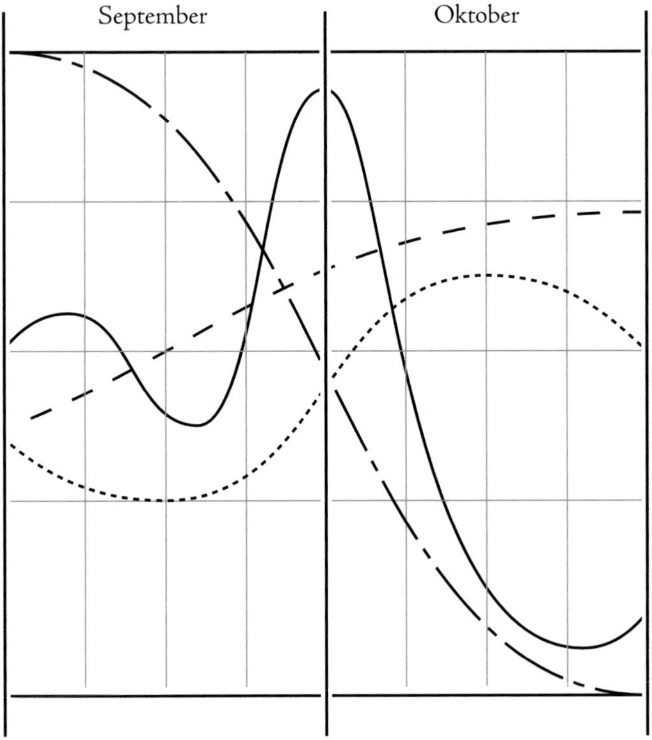

September	Oktober

——— Libido

- - - - - Körper

—·—·— Geist

·············· Liebe

Skorpion-Frau

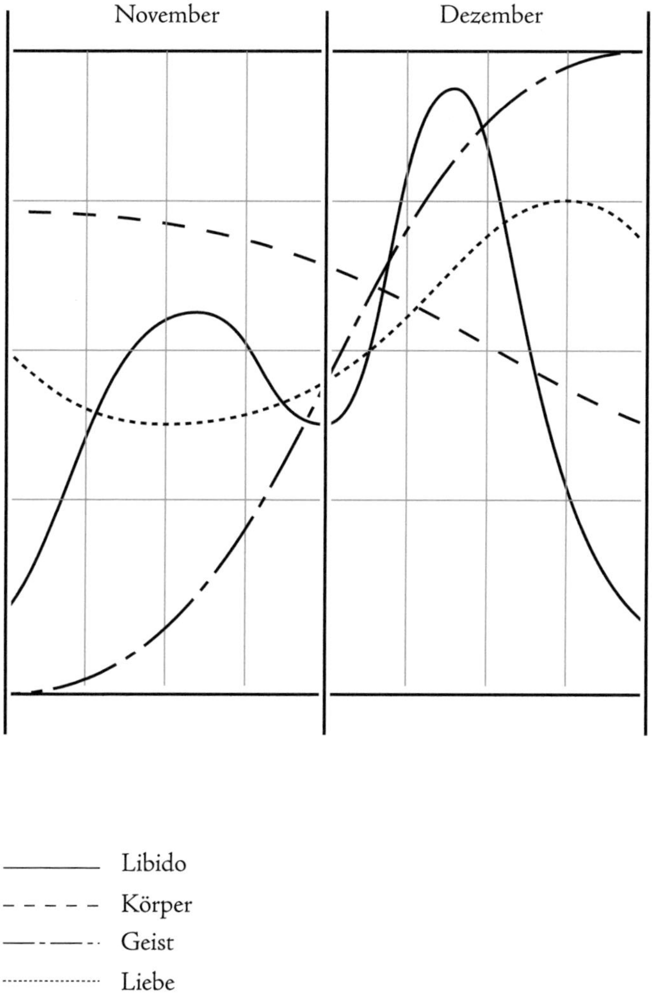

| November | Dezember |

Libido
Körper
Geist
Liebe

Skorpion-Mann

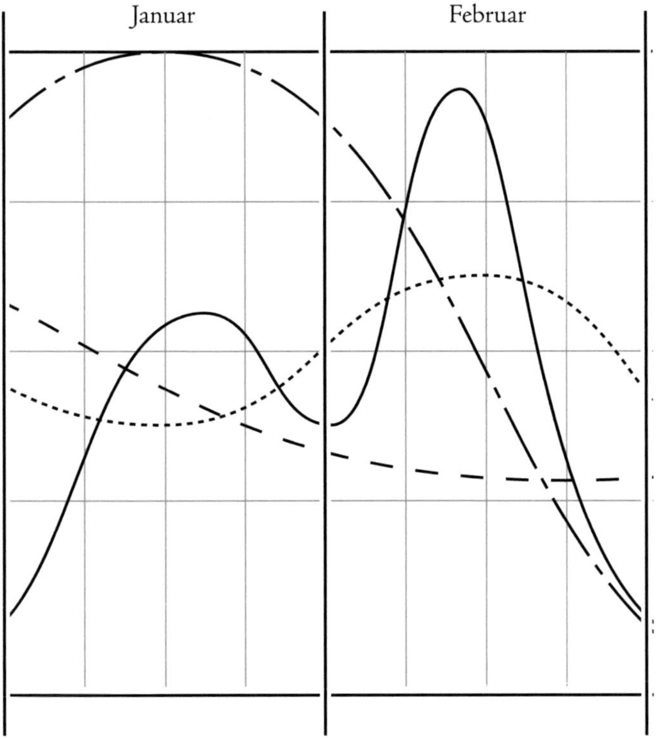

Januar	Februar

——————— Libido

– – – – – Körper

—·——·· Geist

···················· Liebe

Skorpion-Mann

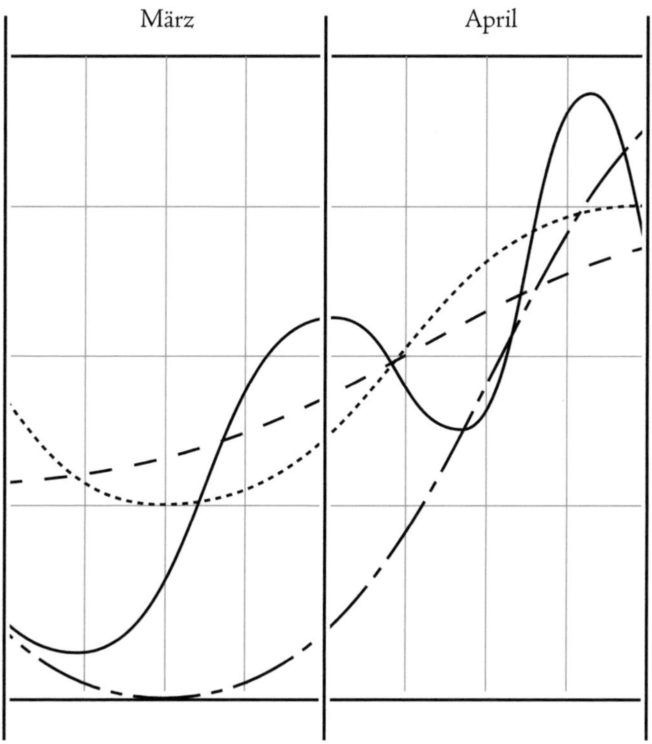

März	April

------- Libido

- - - - - Körper

—·—·· Geist

·············· Liebe

Skorpion-Mann

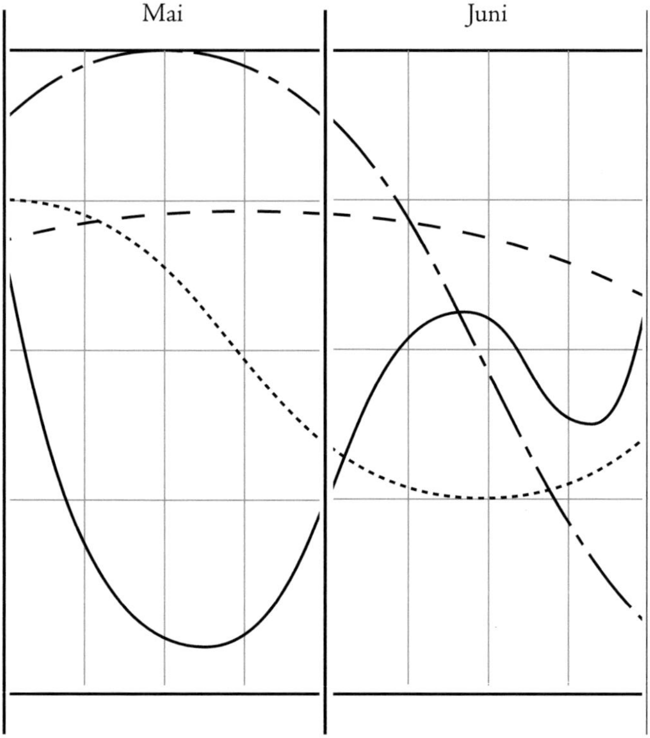

Mai	Juni

Legende:

——— Libido

– – – – Körper

—·—·— Geist

·············· Liebe

Skorpion-Mann

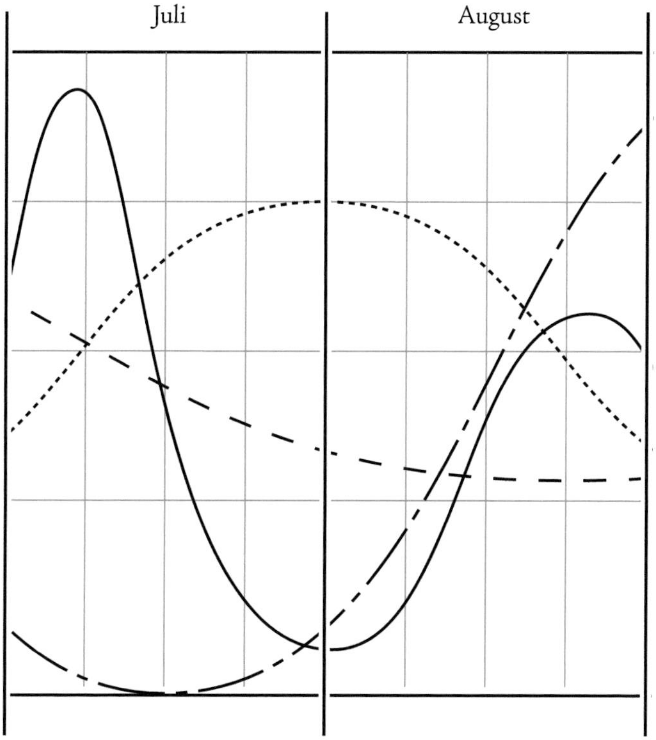

Juli	August

_____ Libido

- - - - - Körper

—·—·—· Geist

···················· Liebe

Skorpion-Mann

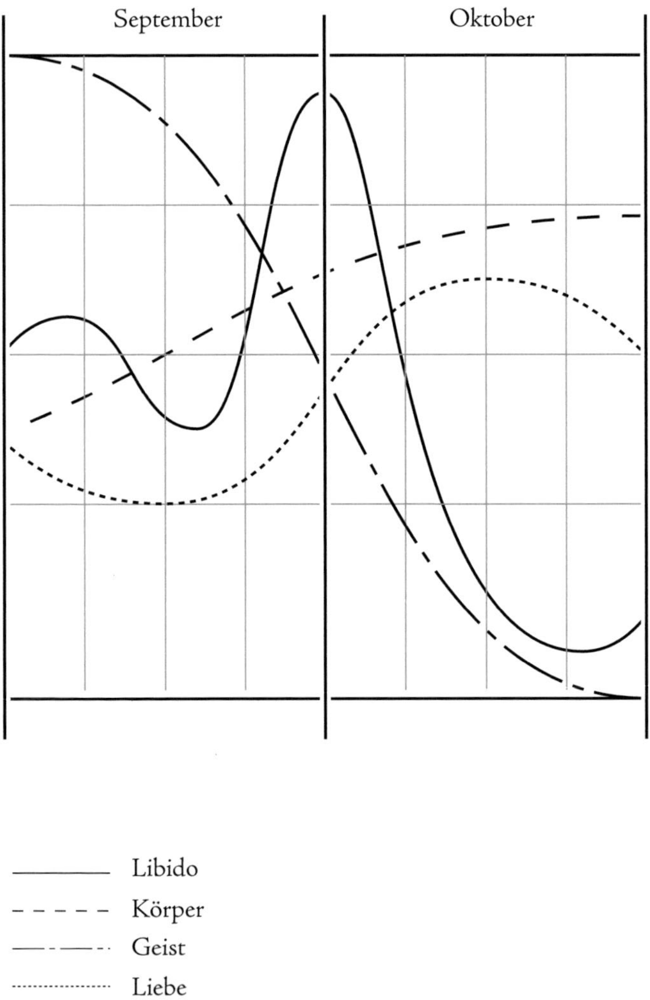

September	Oktober

_____ Libido

- - - - - Körper

—·—·— Geist

·············· Liebe

Skorpion-Mann

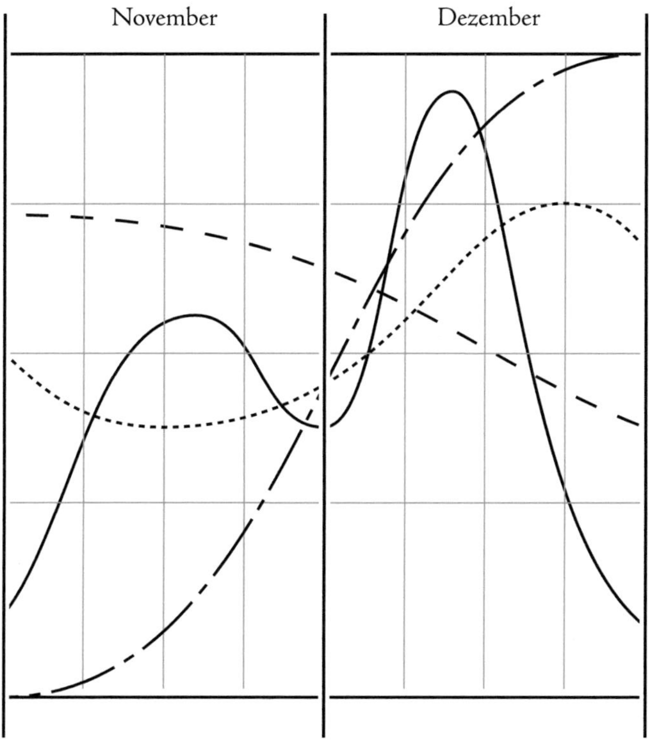

November	Dezember

——— Libido
- - - - Körper
—·—·· Geist
············· Liebe

Literatur zu Sternzeichen und Astrologie

Hermann Meyer
Das Grundlagenwerk der psychologischen Astrologie: Erkenne
Deine Licht- und Schattenseiten und die Deiner Mitmenschen

Frances Sakoian, Louis S. Acker
Das grosse Lehrbuch der Astrologie: Wie man Horoskope stellt
und nach neuesten wissenschaftlichen Erkenntnissen Charakter
und Schicksal deutet

Hermann Meyer
Astrologie und Psychologie: Eine neue Synthese

Christopher A. Weidner, Sabine Bends
Intuitive Astrologie: Nutzen Sie Ihr inneres Wissen für tiefe
Einsichten über sich selbst

Frank Felber
Wiederkehrhoroskope: Der Schlüssel zu verborgenen Zyklen

Ingrid Zinnel
Familienkonstellationen im Horoskop: Verstrickungen und
Lösungen aus astrologischer Sicht

Literatur zu Entspannung und Sexualität

Jan Aalstedt
Der multiple Orgasmus des Mannes. So kommen Sie nicht mehr zu früh und können mehrere Höhepunkte erleben.

Ludwig Reichenbach
Endlich mit Frauen flirten: Wie Sie lernen, Schüchternheit und Angst vor dem Flirten mit einfachen Übungen erfolgreich selbst zu überwinden

Ludwig Reichenbach
Endlich mit Männern flirten: Wie Sie lernen, Schüchternheit und Angst vor dem Flirten mit einfachen Übungen erfolgreich selbst zu überwinden

Lou Paget
Der perfekte Liebhaber: Sextechniken, die sie verrückt machen

Lou Paget
Die perfekte Liebhaberin: Sextechniken, die sie verrückt machen

Lou Paget
Der Super-Orgasmus: Höhepunkte zum Abheben

Jon Kabat-Zinn
Gesund durch Meditation: Das große Buch der Selbstheilung

David Servan-Schreiber
Die Neue Medizin der Emotionen: Stress, Angst, Depression: Gesund werden ohne Medikamente